A la porte du Ciel, un type furieux se présente devant St Pierre.
- Mais bon sang, qu'est-ce que je fais là ! hurle t-il.
Regardez-moi:
j'ai 35 ans, je suis en pleine forme, je ne bois pas, je ne fume pas, hier soir je me couche bien sagement dans mon lit et voilà que je me retrouve au ciel !
C'est certainement une erreur
- Eh bien ! ça n'est jamais arrivé, mais enfin je vais vérifier, répond St Pierre, troublé.
Comment vous appelez-vous ?
- Dugommeau. Norbert Dugommeau.
- Oui... Et quel est votre métier ?
- Garagiste.
- Oui... Ah, voilà, j'ai votre fiche. Dugommeau Norbert, garagiste...
Eh bien, monsieur Dugommeau, vous êtes mort de vieillesse, c'est tout
- De vieillesse ? Mais enfin ce n'est pas possible, je n'ai que 35 ans.....
- Ah moi je ne sais pas, monsieur Dugommeau.
Mais on a fait le compte de toutes les heures de main d'oeuvre que vous avez facturées, et ça donne 123 ans

L'un des plus virulents chefs du syndicalisme meurt et se présente au paradis :
- Vous ne croyez pas, lui dit saint Pierre, qu'après avoir passé votre vie à emmerder les usagers et à saboter l'économie par vos grèves à répétition, vous allez venir chez nous.
Allez, hop !
en enfer !. Satan prend donc livraison du syndicaliste. Trois jours plus tard, il vient trouver saint Pierre :
- Vous m'avez fait un beau cadeau avec ce meneur, lui dit-il.
Je ne sais pas comment il s'y est pris pour endoctriner mes diablotins.
Toujours est-il que, depuis ce matin, nous n'avons plus de chauffage !

- Bon, dit une secrétaire à une employée, récemment engagée, je vais te présenter les hommes de ce bureau :
Marié...
Marié...
Célibataire dangereux...
Coeur à prendre...
Divorcé cherchant de l'affection...
Marié sans fidélité excessive...
Et l'affaire du siècle, à ne manquer sous aucun prétexte.

- Comment, demande-t-on à un industriel, êtes-vous arrivé au degré de réussite que vous avez atteint, aujourd'hui ?
- Simplement :
en me répétant tous les jours que si le succès n'est jamais définitif, d'autre part, l'échec n'a rien de fatal.

- Comment, demande-t-on à un chef de service, pouvez-vous avoir d'aussi bonnes relations avec vos subordonnés ?
- Cela vient, dit-il, de mon premier métier, pendant plus d'un an, j'ai préparé des sandwiches. - Et quel est le rapport ?
- Quand je dois absolument servir à un employé une petite tranche de critique, je prends bien soin de l'entourer, au début et à la fin de notre conversation, de deux beaux morceaux de félicitations.

Alors, demandent des employés de bureau à un de leurs collègues, comment ça s'est passé avec le patron ?
- Bien, très bien. - Pourquoi t'avait-il convoqué, au juste ?
- Pour me dire...
Du diable si je me souviens..:
Ah !
oui !
un truc du genre que je n'écoute jamais avec attention quand on me parle.

Assis à son bureau, sur le coup de dix heures du soir, un cadre supérieur soupire :
- Quand je pense que, lorsque j'étais au lycée, en préparant mon bac, je rouspétais parce que je devais souvent travailler jusqu'à l'heure du dîner. Et, maintenant, où je suis débarrassé de tout ce travail scolaire et que je pourrais profiter de ma liberté, mon patron me donne à étudier un rapport qui va m'amener jusqu'à 4 heures du matin.

Je vais déjeuner, annonce un patron à sa collaboratrice. - Compris, répond-elle, avec un clin d'oeil.
Je mets la compagnie en pilotage automatique

Le patron se fâche, tandis qu'un de ses collaborateurs tente de se justifier. -
Apprenez, mon jeune ami, à acquérir le sens des mots.
Moi, je commets, parfois, des erreurs de jugement.
Mais vous, dans la même situation, vous faites des conneries.

Nouvellement engagée, une secrétaire demande à une collègue :
- Comment est le patron lorsqu'il est de bonne humeur ?
- Je ne sais pas.
Je ne suis dans la maison que depuis trois ans.

Pour cette place, dit un chasseur de têtes, j'ai besoin de quelqu'un qui soit très observateur. - Je suis votre homme. - Pouvez-vous le prouver ?
- L'autre jour, je suis allé dans un cabaret de strip-tease et, à la fin du spectacle, j'avais remarqué une chose :
la strip-teaseuse vedette a un oeil légèrement plus petit que l'autre.

Un chef d'entreprise rejette les offres d'un représentant, en lui expliquant :
- Non, vraiment, je n'ai aucune confiance dans les ordinateurs et j'ai une bonne raison pour cela.
L'agence matrimoniale où je m'étais inscrit en a utilisé un, pour me faire rencontrer celle qui est devenue ma femme.

Un expert en efficience dit au directeur d'une petite entreprise qui l'a appelé en consultation :
- Bien sûr, pour accroître votre productivité, je pourrais vous conseill de vous équiper de toute une batterie d'ordinateurs.
Mais, vous obtiendrez des résultats déjà fort satisfaisants si, dans chaque bureau, vous doublez la taille des corbeilles où l'on jette toute la paperasserie inutile.

Une jeune femme arrive en retard au bureau. - J'espère, lui dit son chef de service, que vous avez une bonne excuse. - Oh ! ça, oui !
Je vais être maman. - Mes félicitations. Et c'est pour quand, cet heureux événement ?
- Dans neuf mois, environ.

- Ma secrétaire, raconte un homme d'affaires, ne se sépare jamais de sa bombe anti-agression. - Je suppose qu'elle t'en a menacé quand tu tentes de glisser une main sous ses jupes. - Non.
Mais elle est toute prête à en pulvériser le contenu sur celui de mes employés qui aurait le culot d'entrer à l'improviste dans mon bureau, quand nous sommes en train de faire l'amour sur la moquette.

Un matin de novembre plein de brouillard, le directeur d'une petite entreprise reçoit d'un de ses employés un coup de fil l'avisant qu'il ne pourra pas venir travailler. Le patron s'attendrit :
- Vous sentez les premières atteintes de la grippe ?
- Au contraire, répond le tire-au-flanc. Je suis le seul de tout le bureau à ne ressentir aucun symptôme.
Alors, vous pensez bien que je ne vais pas aller risquer de me faire contaminer.

Un employé arrivait régulièrement en retard au bureau. - Alors ?
lui demande un jour son patron, qu'avez-vous inventé, aujourd'hui, pour vous justifier ?
- Eh bien, dit l'employé, je me suis éveillé à huit heures au lieu de sept. J'ai demandé à ma femme de m'accompagner jusqu'à la gare en voiture. Elle m'a dit d'accord.
Dix minutes après, elle était prête.
Mais au bord de la rivière, elle a dérapé.
Nous sommes tombés à l'eau.
Un hélicoptère nous a repêchés mais le brouillard l'a empêché de se poser sur le toit de votre immeuble.
Alors, on m'a donné un parachute. - Assez ! coupe le patron.
Votre histoire est fausse et je le prouve : jamais une femme n'a été capable de se préparer en dix minutes.

- Alors, questionne une jeune fille, tu travailles toujours dans ta fabrique de matelas ?
- Non, répond son amie. J'ai démissionné. - Et pourquoi ?
- Mon directeur voulait me transférer de la comptabilité au service des essais avant livraison à la clientèle.

Un petit homme très timide rentre chez lui, les épaules encore plus basses que d'habitude. - Alors, interroge sa femme, as-tu demandé de l'augmentation à ton patron, comme je te l'avais ordonné ?
- Heu...
non...
balbutie-t-il...
J'ai oublié... - Tu as oublié, rugit son épouse. Comment as-tu pu oublier une chose pareille ?
- Eh bien...
voilà...
ma chérie...
quand je suis arrivé au bureau...
le patron m'a annoncé qu'il me flanquait à la porte.
Et ça m'a donné un tel coup que je suis parti en oubliant complètement de lui demander une augmentation.

Après lui avoir adressé d'innombrables remontrances, un directeur se décide à mettre à la porte une de ses employées, particulièrement paresseuse. - J'exige, dit-elle, que vous me rédigiez un certificat pour mon prochain employeur:
- Entendu, répond-il. Il s'assied à son bureau, saisit une feuille de papier à en-tête de sa firme et écrit :
Si vous obtenez que Mlle Lefranc travaille pour vous, vous aurez vraiment de la chance.

- J'aimerais, dit un chef d'entreprise, avare de compliments, à ses employés, que vous preniez modèle sur le moustique.
Lui, au moins, n'attend pas d'avoir reçu une bonne tape dans le dos pour se mettre au boulot !

- Je suis crevé, raconte un employé à un collègue.
Pour profiter du week-end de pâques, je suis parti de Paris le samedi à 5 heures du matin.
J'ai roulé comme un dingue jusqu'à l'Alpe d'Huez.
Le premier soir, j'ai dansé, en boîte, jusqu'au petit matin.
Tout le dimanche et le lundi, j'ai fait du ski.
Et j'ai roulé toute la nuit pour être au bureau ce matin.
Je ne peux plus garder les yeux ouverts. - Mais, s'étonne l'autre, pourquoi, aussi, as-tu fait un cirque pareil ?
- C'est que j'avais absolument besoin de ces trois jours de repos.

- Alors, demande un industriel à son visiteur devant qui une incandescente secrétaire en jupe ultra-courte vient de dévoiler ses charmes abondants, en fouillant dans un tiroir, comment la trouves-tu ?
- Peuh !
fait l'autre, assez quelconque. - Si elle ne te produit aucun effet, veux-tu m'expliquer pourquoi, tout en la regardant, tu as vidé le contenu de ton verre de whisky dans ton col de chemise, tu t'es introduit ton cigare dans l'oreille droite et tu as tenté pendant trois minutes de l'allumer en mettant le feu à ta moustache avec ton briquet ?

Un jeune homme va voir son patron :
- Monsieur, lui dit-il, je vais me marier. A cette occasion, je voudrais vous demander si vous pouvez m'accorder un petit supplément de salaire. - Epousez-vous une employée de notre entreprise ? interroge le directeur. - Heu... non. - Alors, je regrette, mais notre maison ne vient en aide au personnel que pour les accidents survenus pendant les heures de travail.

Monsieur le directeur, annonce une secrétaire, le commissaire Maigrelet, de la Police judiciaire, aimerait être reçu.
Il dit qu'il espère qu'il ne vous dérange pas trop, de venir ainsi à l'improviste.
Et il ajoute que vous n'avez aucune chance, si vous tentez de vous enfuir par une porte de derrière :
l'immeuble est entièrement cerné.

Un important industriel veut engager un secrétaire mais, auparavant, il lui fait passer un petit test. - Supposez, lui dit-il, que je vous aie convoqué, un soir, à la maison, pour vous dicter du courrier.
Ma femme vous accueille, en déshabillé, et vous informe que j'ai téléphoné de Bruxelles où mon avion a été détourné en raison du brouillard.
Je rentre en taxi et je ne serai là que dans quatre heures.
Comment allez-vous occuper ce temps ?
- Heu...
fait le candidat secrétaire, pourriez-vous, d'abord, me montrer une photo récente de votre épouse ?

- Pourquoi, demande une dame à son mari, mets-tu ces chaussures bien trop grandes pour toi ?
C'est au moins du 45 alors que tu fais un petit 42. - C'est vrai mais tu apprécierais, toi aussi, de ne pas avoir les doigts de pied qui arrivent tout au bout dés chaussures si tu devais, comme moi, voyager pendant une heure dans le métro - un jour où les trois quarts des conducteurs de rames sont en grève.

Un chef d'entreprise convoque un spécialiste des labyrinthes :
- J'aimerais, lui dit-il, que vous aménagiez mes bureaux comme vous le faites pour les jardins, de telle sorte que lorsqu'un de mes collaborateurs veut me soumettre un problème épineux, celui-ci soit résolu avant qu'on n'ait réussi à me dénicher.

Ouvrant un oeil péniblement, un homme, qui a la tête près d'éclater, dit à sa femme :
- Qu'est-ce qui s'est passé, hier...
à la fête du bureau ?
- Tu t'es disputé avec ton patron et il s'est fâché. - Mon patron, je l'emmerde - C'est exactement ce que tu lui as dit.
Et il t'a flanqué à la porte sans indemnités. - Ça alors, je me suis bien fait baiser !
- Non, corrige sa femme, c'est moi. C'est même pour cela que tu reprends normalement ton boulot demain.

Un vieux et gros monsieur rentre en retard chez lui. - Que t'est-il arrivé ? questionne sa femme.
Je commençais à m'inquiéter. - Tu avais bien tort.
Vois-tu, mes collègues se sont cotisés, à l'occasion de mon départ à la retraite et ils m'ont offert un cadeau.
Mais ce qui m'a retardé, c'est que j'ai mis un temps fou à pouvoir y entrer. - Qu'est-ce que c'était ?
demande sa femme.
Une petite voiture ?
- Non.
Une grande call-girl.

Non, mademoiselle, dit le chef du personnel à la superbe nana qui vient solliciter un emploi, je n'ai aucune place de secrétaire vacante en ce moment. La futée, assise en face de lui, feint de laisser tomber son sac. Elle se baisse pour le ramasser, de telle sorte que son manteau s'entrouvre, en montrant qu'elle porte juste en dessous une légère combinaison de soie noire. - Mais, poursuit son interlocuteur, émoustillé par ce charmant spectacle, revenez donc me voir demain matin.
Ce serait bien rare que, d'ici là, une de mes employées n'ait pas commis une erreur impardonnable qui m'obligera à la congédier sur-le-champ.

- Mademoiselle, dit le patron d'une grosse entreprise, je vais vous demander d'organiser notre congrès annuel.
A la différence de celui de l'an passé, qui avait réuni, à Bagnoles-de-l'Orne, trois cents de nos collaborateurs, le prochain congrès se tiendra aux Baléares et il n'y aura que deux participants :
vous et moi.
En retenant notre chambre, à l'hôtel Bella Vista, précisez bien que nous préférons un grand lit plutôt que des lits jumeaux.

Le directeur d'une multinationale, dont le siège est à New York, dit à sa secrétaire :
- Je vais boire un café. - Bien.
Si on vous appelle, je conseille de vous rappeler dans un quart d'heure. - Dites plutôt dans trois jours .
Voyez-vous, quand je bois un café j'aime que ce soit du vrai.
Alors, j'ai fait affréter le Boeing de la compagnie pour aller le boire en Colombie.

Une secrétaire de direction soupire :
- Quand une femme fait le même travail qu'un homme, elle doit le faire deux fois mieux, simplement pour être autant considérée. Un temps, puis elle ajoute, avec malice :
- Heureusement, ce n'est pas trop difficile !

- Ah ! mon pauvre vieux, dit un chef d'entreprise à un ami, j'ai déjà tellement d'ennuis que si j'en avais un nouveau demain, je n'aurais pas le temps de m'en soucier avant le mois prochain.

Un vieux et gros monsieur rentre en retard chez lui. - Que t'est-il arrivé ?
questionne sa femme.
Je commençais à m'inquiéter. - Tu avais bien tort.
Vois-tu, mes collègues se sont cotisés, à l'occasion de mon départ à la retraite et ils m'ont offert un cadeau.
Mais ce qui m'a retardé, c'est que j'ai mis un temps fou à pouvoir y entrer. - Qu'est-ce que c'était ?
demande sa femme.
Une petite voiture ?
- Non.
Une grande call-girl.

Un patron dit, très gentiment, à l'un de ses employés :
- Bien entendu, il ne s'agit là que d'une suggestion...
Je vous conseille d'y répondre dans les trente secondes, avant qu'elle ne devienne un ordre.

Cette annonce a paru dans un quotidien de province :
SECRÉT AIRE recherchée.
Travail facile, ambiance familiale, haut salaire, primes de rendement, patron célibataire.
Quatre sur cinq de ces éléments ont été inventés juste pour attirer votre attention.
Prendrez-vous quand même le risque ?

Le patron d'une petite entreprise convoque une de ses secrétaires :
- Mademoiselle Catherine, lui dit-il, hier soir, vous n'étiez pas sortie depuis dix minutes de mon bureau, où je vous avais fait l'amour sur la moquette, que mes quarante-sept employés, sans exception, étaient déjà au courant Tant d'efficacité mérite sa récompense.
Vous êtes nommée responsable du Service de la propagande et des relations publiques.

Le directeur dit à l'un de ses jeunes collaborateurs :
- Mon cher Martinot, j'ai une migraine épouvantable.
Soyez gentil.
Allez m'acheter un peu d'aspirine.
- Certainement, monsieur le directeur.
Si je puis me permettre...
il m'arrive parfois, à moi aussi, de souffrir de migraine.
Par hasard, j'ai trouvé un remède à la fois instantané et infaillible.
- Et cela consiste en quoi ?
- Simplement à faire l'amour avec ma femme.
Cela me soulage aussitôt.
- Ah ! dit le directeur, fort intéressé.
Et votre femme est chez vous, ce matin ?

Deux secrétaires bavardent :
- Cette Corinne est une menteuse invétérée. Elle prétend être blonde, alors qu'elle se teint.
Elle dit qu'elle a 28 ans, alors qu'elle en a 34. Elle a même réussi à impressionner le directeur en se vantant d'avoir des diplômes qu'elle serait bien incapable de présenter. Et si je te disais comment elle trompe son mari. - Voyons, dit l'autre, tu exagères. Je connais Corinne et je ne crois pas qu'elle soit aussi noire que tu la décris. - Eh bien moi, je te jure que je la connais mieux que toi :
je suis sa meilleure amie !

Maintenant que vous avez vu tous mes diplômes, y compris celui d'un concours de strip-tease à Saint-Tropez, dit une candidate secrétaire à un homme d'affaires, je dois vous avouer un seul défaut :
je suis un peu dure d'oreille.
C'est pourquoi, pour me dicter votre courrier, je vous suggère de me prendre sur vos genoux et de me parler à l'oreille.

Un patron d'une soixantaine d'années éclate de fureur en voyant une nouvelle employée arriver vêtue d'un jean délavé et d'un tee-shirt multicolore. - Vous croyez, hurle-t-il, que c'est une tenue pour venir au bureau ?
- Bien sûr que non, monsieur le directeur, répond la jeune femme, mais mon déshabillé de dentelle transparente, que j'ai lavé hier soir, n'était pas encore sec, quand je suis partie de chez moi, ce matin.
Et si vous voulez bien m'accompagner, ce soir, jusqu'à mon petit studio, vous pourrez constater qu'il est toujours sur le séchoir et me le passer vous-même sur les épaules.

- Ma femme, confie un monsieur à un ami, a absolument tenu à s'affirmer en faisant une carrière .
Cela consiste à entrer comme em- ployée dans une grande entreprise, au lieu de rester à la maison où elle était le patron.

- J'ai peur, dit un chef d'entreprise à sa secrétaire, que quelqu'un ne découvre notre liaison. - Voyons, chéri, proteste-t-elle, il est tout à fait normal qu'en tant que ta collaboratrice, je vienne me mettre à ta disposition, chaque jour, de 9 heures à 5 heures. - Oui.
Mais pas de 9 heures du soir à 5 heures du matin.

Un homme a quitté un lointain pays de l'Est pour tenter sa chance en France.
Au bureau d'aide sociale où il se rend, l'employé inscrit péniblement son nom : Schwarzenbergwellzcksyn. - Ça se prononce comment ?
demande l'employé. - Pour l'instant, exactement comme ça s'écrit, répond l'immigré.
Mais dès que j'aurais obtenu ma naturalisation, ça se prononcera Dupont.

Le patron se fâche, tandis qu'un de ses collaborateurs tente de se justifier . - Apprenez, mon jeune ami, à acquérir le sens des mots.
Moi, je commets, parfois, des erreurs de jugement.
Mais vous, dans la même situation, vous faites des conneries. Une jeune femme arrive en retard au bureau. - J'espère, lui dit son chef de service, que vous avez une bonne excuse. - Oh !
ça, oui !
Je vais être maman. - Mes félicitations. Et c'est pour quand, cet heureux événement ?
- Dans neuf mois, environ.

Le directeur d'une grande entreprise a fait disposer SUR son bureau cette pancarte :
Article Premier :
Le patron a toujours raison. Article 2 :
Au cas exceptionnel où il aurait tort, se reporter à l'Article Premier

Un P.-D.G. téléphone au directeur d'une autre entreprise :
- Je m'apprête à engager votre ancien chauffeur: Peut-on lui faire toute confiance ?
- Voyons, je lui ai confié cent fois ma vie, sur les routes les plus dangereuses. - Oui. Mais, peut-on, aussi, lui confier une chose de valeur ?

Deux anciennes camarades d'école sont devenues secrétaires dans deux maisons différentes.
Un jour, elles se retrouvent :
- Est-ce que ton patron, demande l'une, se fâche, comme le mien, quand tu as du mal à te réveiller, le matin ?
- Ah !
non !
Pas du tout.
Moi, le mien, dans ce cas-là, il va à la cuisine me préparer un bon café, qu'il m'apporte au lit avec des croissants.

Une belle blonde, les jambes haut croisées, dit au responsable des ressources humaines de la maison où elle souhaite travailler :
- Voici mes atouts.
J'ai une maîtrise de lettres modernes, un diplôme de secrétariat, six mois de stage en informatique et un charmant petit studio où, le week-end, je reçois, avec champagne et caviar, ceux que je considère comme mes véritables amis.
Au fait, j'espère que vous aimez le caviar.

Une secrétaire qui, après des mois de résistance, a enfin accepté de passer la nuit avec son patron, lui dit, au petit matin, en saisissant son bloc de sténo et son crayon :
- Monsieur le directeur, je suis prête à noter.
- A noter ?...
Mais à noter quoi ?
- Le communiqué que vous allez envoyer à tous les journaux pour annoncer nos fiançailles.

La secrétaire d'un important homme d'affaires voit arriver une ravissante blonde qui, sans dire un mot, commence à ôter son manteau, sa robe, son soutien-gorge. - Mon patron, dit la secrétaire, m'a cent fois recommandé de ne pas laisser pénétrer dans son bureau quelqu'un qui n'a pas rendez-vous mais, exceptionnellement, je crois que je vais prendre le risque de ne pas respecter la consigne.

- A votre avis, demande un patron à sa secrétaire, existe-t-il un moyen infaillible pour que tout notre personnel soit mis rapidement au courant d'une mesure que je viens de prendre ?
- Certainement, monsieur le directeur. Tapez le texte de votre décision sur une feuille où vous mettrez le cachet : « Confidentiel ».
Et moi, je me charge de faire discrètement tomber cette feuille en passant devant le bureau de Mlle Manouchet, la plus intarissable bavarde de tous vos employés.

Maintenant que vous avez vu tous mes diplômes, y compris celui d'un concours de strip-tease à Saint-Tropez, dit une candidate secrétaire à un homme d'affaires, je dois vous avouer un seul défaut :
je suis un peu dure d'oreille.
C'est pourquoi, pour me dicter votre courrier, je vous suggère de me prendre sur vos genoux et de me parler à l'oreille. Vu cette pancarte affichée dans tous les couloirs d'une grande entreprise :
Utilisez votre tête.
Ce sont les petites choses qui comptent .

- A votre entrée dans notre maison, dit un chef d'entreprise à l'un de ses employés, je vous avais prédit que vous feriez du chemin. Ce jour est arrivé :
vous êtes muté dans notre filiale de Rangoon, en Birmanie.

- Mon cher Blanchardot, dit le directeur d'une petite entreprise à l'un de ses employés depuis que vous êtes entré chez nous, vous avez su vous rendre indispensable.
Autant que le serait, pour la Marine nationale, un sous-marin poreux.

- Que feriez-vous, demande-t-on à un petit employé, si vous vous trouviez dans la rue au moment où se déclencherait une guerre nucléaire ?
- Je chercherais à repérer une cabine téléphonique. - Vous croyez que ce serait suffisant comme abri ?
- Peut-être pas mais, avant de mourir, j'aurais au moins le bonheur d'appeler mon patron pour lui dire :
Merde !

- Mon patron, gémit une jeune secrétaire, m'avait promis que si j'acceptais de faire l'amour avec lui, il m'offrirait un vison. - Et alors ?
- On a fait l'amour. - Et tu l'as eu, ton vison ? - Oui.
Mais, maintenant, chaque matin, je suis obligée de nettoyer sa cage.

- Que vous est-il arrivé ?
demande-t-on à un homme qui se présente avec une main bandée. - J'avais entendu annoncer, à la radio, qu'allait avoir lieu, à proximité de chez moi, un grand défilé de grévistes.
Je n'allais pas être assez bête pour risquer de recevoir, sur la tête, un coup de pancarte d'un de ces forcenés ou de me faire matraquer par les CRS.
J'ai donc décidé, exceptionnellement, de ne pas aller au bureau, ce jour-là, et de passer la journée à bouquiner, dans le petit jardin, derrière ma maison.
Et c'est en dépliant ma chaise-longue que je me suis écrasé deux doigts.

- Où as-tu récolté cette grosse bosse sur le front ?
demande une femme à son mari. - Tu sais comme je suis myope, Au moment d'ouvrir une porte, cet après-midi, j'ai vu qu'elle portait une inscription et je me suis approché en me penchant pour la lire - Et alors ?
- Il y avait écrit Tirez mais de l'autre côté de la porte, quelqu'un avait déjà lu Poussez .

Dans un café, un homme, accoudé au comptoir, raconte ce qu'a été sa vie :
- Voyez-vous, dans l'entreprise où je suis depuis plus de trente ans, j'ai débuté tout en bas de l'échelle.
Mon drame, c'est que j'ai toujours été saisi de vertige à la simple idée de monter un peu plus haut.

Moi qui déteste les horaires, raconte une jeune femme, j'ai trouvé la place de mes rêves.
Mon patron ne voit aucune objection à ce que j'arrive au bureau avant 9 heures, le matin.
Et le soir, si je veux rester après 18 heures, il m'y autorise bien volontiers.

- L'ennui avec les hommes qui se sont faits eux-mêmes, dit un recruteur de cadres pour les entreprises, c'est qu'ils ont généralement par trop tendance à adorer leur créateur.

Aux prises avec un client difficile, un chef d'entreprise commence à lui expliquer, péniblement, pourquoi il n'a pas pu effectuer à temps la livraison qu'il avait promise. Et puis, brusquement, il abandonne :
- Je vous passe ma secrétaire, dit-il : elle ment beaucoup mieux que moi.

Un chef d'entreprise s'extasie devant sa femme :
- Ma nouvelle secrétaire a un truc infaillible pour garder son tonus toute la journée:
Sur le coup de 3 heures de l'après-midi, elle prend une douche glacée.
Quelle force de caractère elle a !
Pas une seule fois je ne l'ai vue avoir la chair de poule !

Dans un café, un homme, accoudé au comptoir, raconte ce qu'a été sa vie :
- Voyez-vous, dans l'entreprise où je suis depuis plus de trente ans, j'ai débuté tout en bas de l'échelle.
Mon drame, c'est que j'ai toujours été saisi de vertige à la simple idée de monter un peu plus haut. Un employé arrivait régulièrement en retard au bureau. - Alors ?
lui demande un jour son patron, qu'avez-vous inventé, aujourd'hui, pour vous justifier ?
- Eh bien, dit l'employé, je me suis éveillé à huit heures au lieu de sept.
J'ai demandé à ma femme de m'accompagner jusqu'à la gare en voiture.
Elle m'a dit d'accord .
Dix minutes après, elle était prête.
Mais au bord de la rivière, elle a dérapé.
Nous sommes tombés à l'eau.
Un hélicoptère nous a repêchés mais le brouillard l'a empêché de se poser sur le toit de votre immeuble.
Alors, on m'a donné un parachute. - Assez !
coupe le patron.
Votre histoire est fausse et je le prouve :
jamais une femme n'a été capable de se préparer en dix minutes.

Un mari, terriblement jaloux, regarde sa jeune femme se dévêtir.
Soudain, il bondit, en voyant qu'elle a des marques très nettes de doigts sur ses fesses rebondies. - Qui est-ce, hurle-t-il, qui t'a pelotée ainsi ?
- Mon patron, répond-elle, avant de m'accorder mon augmentation. - Ah ! bon !
fait le jaloux, apaisé.
J'avais peur que ce ne soit un voyou qui t'ait manqué de respect, dans le métro.

- Comment, demande-t-on au directeur d'une petite entreprise, réussissez-vous des affaires aussi florissantes ?
- J'ai la chance, explique-t-il, d'avoir une assistante au flair extraordinaire. A chaque fois que j'ai une décision à prendre, je lui demande son avis et il me suffit, ensuite, de faire le contraire.

- Je ne comprends pas, monsieur le directeur, dit une secrétaire :
cette lettre d'un gros client, que vous recherchez désespérément, quand je l'ai reçue, je me suis bien gardée de la classer- précisément pour qu'elle ne coure aucun risque d'être perdue.

Un patron convoque ses principaux collaborateurs :
- Les affaires marchent mal, leur dit-il. Faites travailler vos cerveaux. Dans un quart d'heure, je veux que vous ayez déposé, dans cette boîte, vos suggestions pour faire sortir notre firme de la crise. Un quart d'heure plus tard, il procédait au dépouillement.
La plupart de ses collaborateurs avaient émis la même idée :
Prenez votre retraite.
Allez à la pêche et laissez-nous travailler en paix.

- J'ai renoncé, dit un industriel belge, à autoriser la pause-café à mes employés. A chaque fois qu'ils abandonnaient leur travail pendant cinq minutes, ils avaient ensuite besoin d'effectuer un stage de quinze jours pour se remettre au niveau.

Printed by Amazon Italia Logistica S.r.l.
Torrazza Piemonte (TO), Italy